GABRIEL PREVOST

L'ITALIE EN 1869

NOTES DE VOYAGE

(Extrait de la *Revue populaire*.)

Prix : 1 franc

PARIS
E. DENTU, LIBRAIRE-ÉDITEUR
PALAIS-ROYAL, 17 ET 19, GALERIE D'ORLÉANS.

1869

L'ITALIE EN 1869

NOTES DE VOYAGE

K.

PARIS

IMPRIMERIE BALITOUT, QUESTROY ET Ce,

7, rue Baillif, et rue de Valois, 18

GABRIEL PREVOST

L'ITALIE EN 1869

NOTES DE VOYAGE

(Extrait de la *Revue populaire*.)

PARIS

E. DENTU, LIBRAIRE-ÉDITEUR

PALAIS ROYAL, 17 ET 19, GALERIE D'ORLÉANS.

1869

L'ITALIE EN 1869

NOTES DE VOYAGE

Si je n'avais pour but que de célébrer, après tant d'autres, le côté plastique de l'Italie, j'hésiterais, je l'avoue, malgré mes sympathies pour elle, à livrer au public ces quelques notes. A mon sens, les choses vraiment belles ont pour plus grands ennemis leurs panégyristes, qui, à leur insu, substituent la banalité et le lieu commun au respect qu'elles doivent inspirer. Pour cette raison, sans doute, les Grecs ne permettaient qu'aux Praxitèles et aux Phidias de sculpter les statues des dieux; pour la même raison, je ne voudrais qu'un Musset, un Byron ou un Lamartine pour décrire ces deux choses éternellement charmantes : la nature et l'art italiens.

Il m'a semblé, toutefois, qu'en dehors des redites et des traits rebattus, il y avait, d'une part, certains aspects négligés ou abandonnés à des préjugés ridicules ; et que, d'autre part, la physionomie générale de l'Italie s'était modifiée depuis l'unification. Ce sont les deux points auxquels je vais m'attacher dans cette esquisse.

．＊．

Le premier conseil que je donnerais à quiconque veut faire le voyage d'Italie, c'est de se garder d'en parler à personne avant son départ.

Le Français est, en effet, toujours tenté, quand il parle d'une nation voisine, de tout rapporter à la France, prise comme type de comparaison. Il a, de plus, la tête pleine de renseignements erronés, recueillis alors que l'Italie était morcelée, et l'habitude de cette uniformité française, où cités, mœurs et climats sont partout et presque toujours identiques. Faites entrer, maintenant, en ligne de compte, notre vanité et ce qu'on est convenu d'appeler l'*esprit de critique,* qui ne veut plus être enthousiasmé par rien, et vous comprendrez les contradictions d'opinions et le bagage inutile dont vous vous embarrasseriez, avant de voir par vos propres yeux.

．＊．

La première chose qui frappe, en parcourant l'Italie du Nord au Sud, c'est l'extrême variété dont elle est empreinte. Si, politiquement parlant, l'Italie s'est rapidement fondue dans la grande unification nationale, chaque ville a gardé sa physionomie propre et distincte de sa voisine, une sorte d'individualisme pittoresque, d'où résulte que Gênes ne ressemble pas à Milan, ni Milan à Florence, ni Florence à Naples, ni Naples à Venise, ni Venise à Bologne, ni toutes ces villes à Rome et aux villes qui en dépendent.

Le contraire existe en France. Voyez quatre ou cinq de nos grandes villes : Bordeaux, Lyon, Marseille, Strasbourg ; elles ne diffèrent, abstraction faite de quelques légères différences de climat, que par le plus ou moins de population, le plus ou moins de richesse de monuments. Au fond, même architecture, mêmes monuments, mêmes habitudes, même aspect général.

Cette uniformité n'a pu se produire en Italie, par des raisons historiques trop connues pour qu'il soit besoin d'y insister longuement.

*
* *

L'Italie actuelle n'est en rien la continuation et la suite de l'Italie des Romains, malgré une revendication assez naturelle de filiation, invoquée par des Italiens amoureux de leur pays.

Cette revendication est, à mon sens, un point de vue faux et contraire à la vraie grandeur de l'Italie actuelle.

Les grandes invasions ont élevé un nouveau peuple sur le cadavre d'un peuple épuisé ; le sol seul est resté le même.

Ce peuple nouveau, formé d'éléments divers, se forme, à l'origine, par petits groupes, qui, en naissant, sont chacun un État. Soit faute d'une capitale naturelle, *presque immédiatement usurpée*, soit esprit d'indépendance territoriale, le grand travail d'agglomération appelé chez nous : *Constitution de la monarchie française*, n'a pu s'effectuer en Italie. Les villes ont surgi, comme autant de reines rivales, parfaitement isolées, les unes des autres, et alors que chez nous, à l'époque de Louis XI et de Charles VIII, c'est-à-dire dans la seconde moitié du quinzième siècle, la France obéissait à un seul maître et voyait disparaître ses châteaux et sa vie locale, Rome, Naples, Florence, Gênes, Venise, Mantoue, Ferrare et Milan, offraient, sans aucuns points de rapprochement, toutes les formes de gouvernement connues. L'Italie n'a conservé que son nom. Je le répète : un nouveau peuple commence une nouvelle histoire, à partir des grandes invasions.

L'architecture qui reflète, mieux que tout autre art, le passé moral et politique d'un peuple, a marqué d'une trace profonde ces diversités d'origine ; faisant des rues de Palais pour la fière aristocratie de Venise, des maisons royales pour les marchands enrichis de Gênes, et à Naples, ville monarchique, un seul édifice protégé, sur les hauteurs, par des ouvrages de défense, à l'usage de rois qui « dépouillaient les grands et affamaient le peuple (1). »

Or, comme le premier aspect d'une ville ou d'un pays résulte surtout de ses monuments, la différence d'architecture suffirait à elle seule pour donner un cachet particulier à chaque ville d'Italie, et c'est, en effet, ce qui a lieu.

Mais cette diversité d'impression ne tient pas seulement, il faut le dire, aux monuments et à l'architecture, elle tient encore à la position géographique, à la forme des rues et, enfin, aux vestiges du passé.

---

(1) Duruy. *Histoire de France*, tome I, p. 562.

Il est une chose dont on ne doit se séparer jamais complétement en visitant l'Italie; ce sont les souvenirs historiques, qu'il faut restituer à chaque ville et qu'on lui restitue, d'ailleurs, malgré soi. Pas de jugement sain sans cet appel aux souvenirs.

Il n'est pas rare, en effet, de voir certains détracteurs critiquer l'étroitesse des rues de Gênes, comparer les gondoliers de Venise à nos porteurs d'eau; vous demander, le sourire aux lèvres, ce qu'est devenu le Lido; prendre en dédain la dimension de certains palais, etc., etc.; et croire ainsi faire preuve d'une supériorité d'appréciation sans conteste. Ces détracteurs me font exactement l'effet d'un Patagon qui, ayant vu vanter le Pré-aux-Clercs dans une chronique, arriverait à Paris et se trouverait surpris que la rue qui porte ce nom ne lui donnât qu'une faible idée de ces prés fleuris où dégaînaient les mignons de Henri III.

Qu'a été à l'origine Gênes *la Superbe?* une ville de mer, vivant de la mer, sur mer et par la mer; la rivale de Venise, qu'elle fit un jour trembler, après sa victoire de l'île de la Melloria, et qu'elle mit à deux doigts de sa perte, après les guerres de Caffa et de Chiozza. Lui voulez-vous, par hasard, des rues à voitures, c'est-à-dire larges et spacieuses comme il convient aux villes de terre, où tous les transports se font par voie de terre? C'est comme si l'on exigeait que la Suisse ait des amiraux. Si, au contraire, vous tenez compte de l'origine, tout s'explique et tout change. Ces gigantesques palais en marbre blanc, qui n'ont d'autre tort que de ne pas être isolés, reflètent tout un passé de richesse et d'orgueil, et grandissent au lieu de déchoir.

Même observation au sujet de Venise, et du Lido tant décrié.

Une vaste langue de terre s'étend, environ à quinze kilomètres de Venise, dessinant à l'horizon ses contours indécis et allongés. Une gondole vous y mène en une heure et demie. Vous mettez pied à terre en face d'une petite auberge et vous courez à l'aventure. Que trouvez-vous? des champs et de petites propriétés, comme tous les champs et toutes les petites propriétés du monde, — sauf l'établissement de bains de mer de la Spiaia et une situaiion qui n'a rien perdu de son prestige. — Mais le Lido, n'est plus le Lido ? — Parbleu ! pas plus que chez nous Longchamps et le Pré-aux-Clercs, ne sont Longchamps et le Pré-aux-Clercs. Informez-vous seulement ; et alors vous saurez qu'il y a cent ans, même sous le dernier doge, Luigi Marini, on allait au Lido comme on allait chez nous à Longchamps ; toutefois, avec un peu plus de poésie. La mer était sillonnée de gondoles, pavoisées aux couleurs et aux chiffres de chaque famille patricienne. Chaque gondole avait ses rameurs en costume, et la plupart du temps, ses musiciens. L'on étalait son luxe ; l'on donnait et l'on recevait les rendez-vous. Aujourd'hui, ces gondoles dorment dans les caves du grand canal, d'où l'on n'oserait pas plus les sortir, qu'un Montmorency n'oserait aujourd'hui se promener poudré aux Champs-Elisées, dans l'attifage traditionnel de ses aïeux. Dénigrer le Lido actuel, c'est donc exactement comme si on dénigrait Longchamps.

C'est à vous, touriste ou savant, de reconstituer les milieux, pour redonner la vie à l'Italie des romans et des légendes. Du côté des monuments et des rues, il eût été si facile d'uniformiser et de moderniser l'Italie, qu'il faut remercier le gouvernement de Victor Emmanuel de n'avoir rien fait pour cette modification aux dépens des vieux souvenirs, en comprenant que l'unification n'avait rien à voir, ni à gagner à cette uniformité.

* *

Partir de cette variété d'aspect que présente l'Italie, à première vue, pour déclarer toute tentative d'unification chimérique, c'est là pourtant ce que n'ont pas hésité à faire les gens qui vivent sur cette vieille idée de la jeunesse et de la vieillesse des peuples, ou ceux qui, politiquement parlant, avaient intérêt à mettre obstacle à cette unification. L'on objectait, il y a quelques années, et l'on objecte encore les haines invétérées des États, les uns contre les autres, les différences de langue qui règnent entre eux; autant de mots creux qui ne sont pas plus vrais pour l'Italie qu'ils ne le sont pour la France où, malgré une unification assez compacte, l'on trouve des Auvergnats parlant patois et des Strasbourgeois mangeant leur choucroûte.

Les Italiens qui voyaient clair, devaient comprendre, et ils ont compris, que, dans l'état actuel de l'Europe, il n'y avait de puissance nationale que par l'unité (1).

A mon sens, en effet, le moyen-âge politique de l'Italie a duré jusqu'en 1861. Jusque-là le mot brutal de Metternich : « L'Italie n'est qu'une expression géographique, » a été politiquement exact. — Sous d'autres rapports, ne

---

(1) Déjà en 1830 un Italien écrivait : Finchè ogni popolo della nostra patria si considererà come popolo a parte, sebbene abitatore d'una medesima terra, finché gl' interessi dell' uno non saran gl' interessi di tutta Italia, questa sara sempre serva di colui a cui piacerà dominarla...

l'oublions pas, l'Italie n'a pas eu de moyen-âge ; et la France n'était rien encore que chaque ville d'Italie était, à elle seule, un foyer de lumières, brillant de tout son éclat.

Je loue, sans réserve, les Italiens d'avoir usé d'une sagesse méritoire, dans les circonstances difficiles où s'opérait leur transformation. J'ai parcouru l'Italie du Nord au Sud et j'ai pu constater qu'une même pensée patriotique y régnait partout. Si l'on excepte un petit nombre de boudeurs, circonscrits dans l'aristocratie napolitaine, gens ignorants qui se tiennent à l'écart, en espérant que la Providence voudra bien mettre, à leur profit personnel, la charrette avant les bœufs, l'Italie actuelle palpite des mêmes émotions et obéit aux mêmes désirs. Tout retour à l'ancien état de choses est désormais impossible (1).

Je l'ai dit plus haut, l'Italie actuelle date des grandes invasions; elle reste étrangère au mouvement européen, par son morcellement, jusqu'à son entrée dans la vie moderne par l'unification. Sa grandeur et sa force sont d'être aujourd'hui le plus *jeune* des États européens.

*
* *

La transformation s'est faite rapide et a amené deux changements qu'il est utile de signaler : la sécurité publique et l'activité du travail.

On en est encore, en France, à représenter l'Italie comme un pays où il ne fait pas bon circuler, soit sur les routes, soit dans les rues. L'Italien serait encore cet

---

(1) Ne pas tenir compte de certaines agitations récentes dont le sens et la portée sont complétement exagérés par la presse française.

ancien bravo, le chef orné d'un panache, qui guette les voyageurs au coin des bois ou détrousse le passant dans les carrefours. Il faut avoir l'imagination bien romanesque pour trouver rien de semblable dans l'Italie d'aujourd'hui.

Ce bruit avait peut-être quelque fondement jadis et il serait facile de remonter à sa source.

.˙.

L'Italie, avant l'unification, avait cinq parties distinctes au point de vue des mœurs : la Savoie et le Piémont qui, par la civilisation, étaient les sœurs de la France ; la partie occupée par les Autrichiens qui portait le caractère de tristesse de tous les pays envahis ; les duchés, abrutis sous des principicules ; les États-Romains, terrorisés par les prêtres et le royaume de Naples, où le gouvernement avait beaucoup d'analogie avec celui d'Ali-Baba. — Rome et les États du Pape demandent une mention à part. — Parlons de Naples.

L'insécurité était, à Naples, à peu près complète. Il y avait danger, prseque partout, et à toute heure.
— C'est dire, par exemple (l'anecdote est authentique), qu'un nouveau marié de ma connaissance, se promenant en plein jour dans la rade, entendit distinctement les mariniers délibérer en dialecte, s'ils ne le jetteraient pas lui et sa femme à la mer, après les avoir préalablement dépouillés. — C'est décrire cette nuée de lazzaroni, notoirement aux ordres de la police, qui vexaient les citoyens et les dévalisaient *presqu'impunément.* — C'est raconter que, par les soins du roi, on laissait la Villa-Reale, promenade publique le long des quais, dans une obscurité presque

absolue, pour favoriser les coups de mains utiles. — C'est relater qu'il fallait visiter Pompéï avec des revolvers et des cannes plombées à la main. — C'est rappeler ces bandes de brigands qui se formaient chaque jour dans les Apennins et y exerçaient, sans plus être dérangées qu'une armée régulière, etc., etc.

Il en était ainsi sous l'ancien gouvernement. Aujourd'hui, la circulation dans les rues de Naples offre autant de sécurité de jour et de nuit qu'à Paris. Pourquoi? par cette raison qu'un gouvernement jaloux de la régénération de son pays, a fait plus en quelques années pour Naples que tous les régimes précédents depuis leur origine; et cela, en organisant une police sévère qui a rendu la circulation possible.

Quant au brigandage, j'ai sous les yeux le journal l'*Italia* du 26 mai dernier où il est encore question d'un certain *Cappucino*, pauvre débris d'un temps florissant où de concert avec *Croco Donatello* et *Ninco Nanco* (on savait ces noms comme ceux des souverains) il rançonnait les campagnes. Ce pauvre diable représente ce qui reste du brigandage. A l'heure où j'écris, une compagnie de berzaglieri a dû déjà se saisir de l'intelligent industriel.

La partie unifiée de l'Italie a donc reconquis la sécurité : et ce premier résultat, qui n'est pas minime, est dû tout entier à l'initiative du nouveau gouvernement.

*
* *

Cette sécurité a été, au moins pour partie, le corollaire de l'extension de l'activité agricole et aussi le développement des voies ferrées de communication qui, aujourd'hui, relient entre eux tous les points extrêmes de l'Italie.

Je tiens de journalistes napolitains, que, sous l'ancien gouvernement, la dépréciation du travail avait fait baisser la main d'œuvre jusqu'au prix de quatre ou cinq sous de notre monnaie française. Le despotisme s'était fait l'allié de l'indolence naturelle du climat. Par tant, plus de travail ou fort peu, peu de goûts pour les moyens honnêtes de faire fortune et les terres les plus fertiles en friche ou abandonnées. La main d'œuvre a presque quintuplé en quelques années et à part quelques parties de l'Italie, de plus en plus rares, comme celle comprise, par exemple, entre Foligno et Rome, la culture y est l'objet de l'activité la plus significative.

J'ai vu dans ces belles contrées qui s'étendent de Rome à Naples, des bandes de travailleurs rangés par vingtaines sur une seul ligne, se livrant avec gaîté au travail des champs et donnant, en même temps, aux campagnes l'animation la plus pittoresque. Rien n'était plus curieux que cette ligne s'avançant lentement sans s'occuper du soleil qui tombait à plomb sur les têtes et manœuvrant la bêche ou la faucille; et dans tous les cas, je ne pouvais m'empêcher de constater des traces d'ensemencement et de culture jusque sur les flancs des montagnes où le rendement peut à peine répondre aux efforts.

* * *

J'aurai énuméré les améliorations matérielles apportées à l'Italie par le nouveau régime, en parlant de l'extension qu'ont prise les voies de communication.

Le morcellement donnait peu d'intérêt à leur développement. Le *coricolo* et les *vetturini* devaient suffire aux exigences de petits pays morcellés, maintenus par leurs gouvernements, en état d'hostilité réciproque. Si les romanciers et les artistes pouvaient trouver quelque intérêt dans ces pittoresques moyens de locomotion, l'Italie, à coup sûr, devait en retirer peu d'avautages.

Aujourd'hui, si l'on excepte la traversée des Apennins entre Foggia et Naples, qui nécessite des travaux souterrains gigantesques, une locomotive peut partir de Gênes, suivre la Méditerranée, toucher à Naples et revenir à Venise, en huit jours. Quant au nord de l'Italie, il est sillonné de chemins de fer qui en relient jusqu'aux villes les plus secondaires.

Des gens, paraissant de bonne foi, m'ont assuré, à propos des anciens trajets, qu'on se serait presque arrêté sur la demande d'un voyageur qui aurait désiré acheter des oranges. Qu'y a-t-il de vrai dans cette assertion? Je l'ignore. Mais je sais qu'aujourd'hui l'exactitude et la ponctualité y règne autant que dans tous les autres États européens.

．·
· ·

Non certes, ce n'est pas un peuple éteint celui qui peut, en quelques années, redonner tant de preuves de vitalité féconde ; et il serait injuste aujourd'hui d'invoquer, pour asseoir son jugement sur l'Italie, un passé où toutes les aspirations se trouvaient muselées et dans l'impuissance de se produire. Raisonner ainsi serait vouloir persuader à quelqu'un qu'il est malade pour avoir le plaisir de le soigner malgré lui.

Un mot des mœurs.

Un certain franciscain, du nom de Ganganelli, qui devait être un jour Clément XIV et signer l'acte le plus hardi de la papauté : la suppression des Jésuites, écrivait, dans sa jeunesse, une lettre sur l'Italie qui se termine par ces mots : « On peut dire de l'Italie, comme du monde entier, que, sauf quelque petite différence, il y a ici, comme ailleurs, *un peu de bien, un peu de mal* (1). » Cette lettre était adressée à un abbé français, qui très-probablement avait, contre l'Italie, les préjugés de ceux qui ne la connaissent pas.

Les mœurs italiennes, en effet, étonnent et heurtent, au premier abord, les gens du Nord.

Les climats du Nord, qui comportent des vêtements épais, des pieds à la tête, donnent également à l'âme une certaine *frilosité*, qui s'étend jusqu'aux rapports sociaux. Et en vérité, je ne sais si le soleil ne fait pas nos mœurs comme il fait nos tempéraments et nos corps, la pruderie, qui est la frilosité de l'âme, a inventé le *shoking* et le *kant* anglais, qui nous fait rire, nous autres Français, situés entre le pôle et l'équateur ; mais si, à notre tour, nous abordons en Égypte, nous sommes bien près d'être Anglais,

---

(1) Voici le passage de cette lettre fort curieuse : « Non le starò a dir cosa alcuna dei nostri costumi ; questi non sono niente più corrotti di quelli delle altre nazioni, checchè ne dicano i maligni ; soltanto vàriano nel chiaroscuro, secondo la diversità dei governi, poichè il Romano non somiglia al Genovese, ne il Veniziano al napoletano : si può dir dell' Italia come del mondo intiero, che, salva piccola differenza, ci è qui come altrove, *un po' di bene, un po' di male*. »

vis-à-vis des nudités égyptiennes. Dans tous les cas, nous n'avons pas l'affectivité et l'abandon des mœurs italiennes.

Bien entendu, je ne veux pas parler des *mauvaises mœurs*, qui ne sont d'aucun pays en particulier, mais l'apanage de tous les grands centres en général, qu'ils aient nom : Dublin, Londres, Vienne ou Paris.

*
* *

Je m'occupe ici de cet abandon affectueux dans les relations privées, qui a sa formule la plus sympathique dans le mot italien : *Confidenza*.

Essere in confidenza est une expression sans équivalent en français. — *Intimité*, dira-t-on? — Cela se rapproche, mais ce n'est pas cela. — En français, on a *vous* ou *tu*, qui suffit à rendre deux extrêmes : l'indifférence ou la familiarité. En italien, on a la troisième personne pour la démarcation et la cérémonie. (*Lei* ou *ella*). — Le *vous* est la glace rompue. Vous sortez de la classe des indifférents. A dater de ce moment, tout ce qu'on appelle en France *réserve*, *distance*, *quant à soi*, n'existe plus entre *vous* et votre interlocuteur. — Enfin, le *tu*, dont on n'use pas toujours, même avec sa maîtresse ou son ami, marque le dernier degré de la confiance réciproque. Encore donne-t-on au tutoiement une forme ménagée, l'infinitif, qui sous-entend : « Je te prie de.... »

Ces observations ne me semblent pas oiseuses, si l'on veut se faire une idée juste des mœurs en Italie. La langue n'est, en effet, que le résultat du besoin d'exprimer et l'on n'a à exprimer que ce que l'on sent.

C'est ainsi que l'Italie, qui est la patrie de l'amour, a une infinité de mots pour le traduire. Un seul, en France, *aimer* qui s'applique à tout, depuis la paire de bottes, qui ne vous serre pas les pieds, jusqu'à l'Héloïse qu'on célèbre en dithyrambe. L'on *aime* la viande et l'on *aime* son mari. L'on *aime* tout, et trop souvent, hélas ! avec le même vide de sentiments. Trois mots en italien : — *Mi piace*, quand le goût ou l'appétit sont en jeu ; — *Te voglio bene*, pour l'affection respectueuse, des parents, des amis ; même entre amants, quand la passion a des bornes ; — *Io te amo*, réservé à l'amour-passion arrivé à son paroxysme.

Parler de cette langue d'amour, que je ne fais qu'indiquer, c'est arriver tout naturellement à dire un mot de celles à qui on l'adresse : les Italiennes.

.·.

Nous croisons, tous les jours, dans les rues de Paris, deux ou trois *Trastéverines*, ramenées par nos rapins de la « cité éternelle. » Elles sont bistrées et brûlées, comme de petits crapeaux ; presque toujours, un peu négligées dans leur mise, qui sert, à la fois, d'enseigne pour l'œil des peintres, et trop souvent de torchon pour leurs palettes, dans leurs ateliers. Vite, de généraliser et d'affirmer que les Italiennes ont les cheveux noirs, le teint bistre, la tenue négligée et la taille épaisse. J'aimerais autant qu'on jugeât les Françaises par une paysanne du Nivernais.

Non pas que les paysannes soient laides en Italie ; — je serais même tenté de les trouver plus jolies qu'ailleurs ; — mais il faut se garder de croire que toutes les femmes aient le teint de café torréfié, que les peintres et les romanciers, souvent sur la foi les uns des autres, donnent à toutes les héroïnes qu'ils font vivre entre la Méditerranée et l'Adriatique.

L'on rencontre des blondes dans toute l'Italie, si ce n'est en Sicile. Toutefois, l'Italienne a, en général, des cheveux noirs ; mais d'un noir lustré, qui fait encore valoir la blancheur d'un teint mat, tirant sur le marbre.

Il y a, sans doute, comme partout, des femmes qui ne sont pas des Vénus, mais toutes les Italiennes ont deux choses que j'essaierais en vain de fixer par des mots : les yeux et le sourire ; et quand elles sont jolies, on envie aux Orientaux cette poésie descriptive qui met un volume à décrire les beautés d'une femme, après avoir passé des heures à les étudier. Oui, l'on a eu raison de dire : « Quiconque n'a pas vu d'Italiennes ne sait pas ce que c'est que la beauté des femmes. »

Si vous croyez que j'exagère, tâchez de voir une Génoise dans son costume de printemps, la tête couverte de ce long voile de mousseline (appelé *pessota* dans la langue du peuple), qui l'enveloppe de la tête aux pieds et qui n'est, pour ainsi dire, fixé sur les cheveux que par les bras qui en retiennent les plis. Regardez-la, dis-je, mais pas trop longtemps, car en ce moment si Belzébuth vous l'offrait, contre abandon de tous vos droits de garde national et d'électeur, je craindrais que votre hésitation ne soit pas assez longue.

La fierté est la première expression qui frappe dans la physionomie des Italiennes. Cette fierté apparente s'explique d'abord par les longs cils qui couvrent leurs yeux ; elle a pour cause encore, un certain repos des traits, exempt de toute coquetterie, que je serais assez tenté d'attribuer à leur confiance dans leur beauté. Et, en effet, qu'ont-elles besoin d'essayer de vous plaire ? Elles sentent bien qu'elles n'ont pas d'effort à faire pour cela. Puis, c'est tout l'un et tout l'autre. Vous êtes le premier venu dont elles ne s'occupent pas; ou vous tenez une place quelconque dans leur vie. Dans ce dernier cas, elle sont tout expansion et tout rayonnement; et je ne soupçonnais pas, avant de les avoir vues, qu'on pût être si jolie et avoir l'air de s'en douter si peu.

Une Italienne pourra être inconsidérée, même un peu folle, mais parler, *la bouche en cœur*, avec des réticences et des *minauderies*, c'est là ce qu'elle trouvera fort laid et inutile. Je vous avouerai timidement que je lui donne tout à fait gain de cause.

Ce sont les déesses de l'intimité et de la vie intime.

.˙.

L'on se tromperait donc étrangement en croyant trouver, en Italie, des plaisirs publics. Les mœurs n'y sont pas.

L'étranger, le commis-voyageur, l'homme de passage, qui débarque à Paris ou dans nos grandes villes, voit venir à lui immédiatement mille moyens de passer sa soirée et d'occuper ses loisirs, sans avoir besoin de frayer avec qui que ce soit. Il aura les spectacles, les cafés-concerts, les bals publics...; et, un peu d'illusion aidant, il pourra, argent en main, se figurer, pendant une huitaine, qu'il mange du filet de chevreuil à table-d'hôte et qu'il s'est fait des amis partout. A Paris, notamment, avec quelque propension au *jobardisme*, on peut, dès le lendemain si l'on veut, se mettre à emboîter le pas suite *des gens qui s'amusent*.

Ce n'est pas ainsi qu'il faut interpréter la vie italienne.

Les spectacles, très-brillamment fréquentés l'hiver, se ferment aux approches de l'été. Pas besoin de dire pourquoi. Le café-concert est peu dans les habitudes. Quand aux bals publics, il sont rarissimes.

Le Mabille de Milan (*il gran padiglione*), est une salle de dix mètres carrés, pas plus, qui n'a rien de somptueux, et c'est le seul bal public présentable pour une ville de près de deux cent mille âmes, qui passe, avec raison, pour une des plus gaies de l'Italie. A s'en tenir à ces apparences, les mêmes à peu près partout, la vie de plaisir serait nulle en Italie. Mais la réponse à faire, c'est qu'on cherche le plaisir ailleurs, et tenez pour certain qu'on l'y trouve.

J'ai déjà signalé l'intimité italienne.

L'Italie est, en outre le pays de l'Europe où l'on a conservé, le plus, la poésie du foyer et de l'amour qui s'y rattache (1).

．．
．

Avant tout, vous ne verrez jamais, en Italie, une femme afficher sa légèreté par le maquillage et ces autres indices de toilette qui nous crient aux yeux sur nos promenades parisiennes.

La lorette, ce petit animal sans sexe, s'acclimate difficilement là-bas, et s'il en est, elle ne porterait pas,

(1) Se l'Italiana ama, ama con tutte le viscere: nè attrative, nè speranza luzinghiere, nè possanza, nè oro, vagliono a farle tradire la giurata sua fede... (Lettere sentimali e politiche d'un giovane Italiano).

comme chez nous, une sorte d'uniforme distinctif qui la révèle, comme la huppe d'une poule Brahma dans une basse-cour. Un nuage de poudre de riz sur le teint est la seule chose que se permette une Italienne. Quant à la poudre dans les cheveux, elle a passé en usage pour toutes les femmes ; cette mode ne peut donc, en rien, en faire remarquer une plutôt qu'un autre.

Si je ne craignais pas d'abuser du hors-d'œuvre, quels tableaux reviennent à mes souvenirs ! Je vois encore sur les bords de l'Arno à Florence, la promenade des *Cascine*, un dimanche soir. Quelques-uns de ces cheveux poudrés sont cachés sous des résilles de dentelle noire. Les rayons du soleil couchant viennent éclairer, comme des reflets de cierges, le teint mat et les yeux de jais des Florentines... — Mais pardon ! j'ai dit, en commençant, qu'on ne devait pas toucher à ces descriptions.

Vous pressentez déjà pourquoi l'Italien ne se fait pas besoin de ces endroits publics de distraction qui foisonnent dans nos villes de France : c'est qu'on y a sauvé du mépris cette poésie de l'amour et de la femme, qui, pour la honte de nos Français d'aujourd'hui, n'excite plus qu'un sourire de pitié ou de scepticisme ; toute la poésie se résumant, chez nous, en mariage comme ailleurs, dans cette devise arithmétique : acheter et payer.

.·.

Je me promenais à Florence avec le capitaine P***, auquel m'avait récemment recommandé une lettre des plus amicales. Le capitaine est intelligent, aime son pays et le connaît. Comme je lui signalais cette absence de divertissements publics en Italie : — L'Italienne n'est pas comme vos Françaises, me dit-il ; nous aimons encore ici. Cela peut tenir à notre ciel bleu, peut-être aussi au peu d'étendue de nos villes, où l'on passe difficilement inaperçu. Peut-être serons-nous, un jour, aussi positifs que vous, mais nous ne le sommes pas encore. Quoi qu'il en soit, nos mœurs peuvent être faciles, mais ne sont jamais déhontées, ni brutales. —

Oui, l'on fait encore sa cour en Italie, et j'admire cela. Un jeune homme est admis dans une famille, après, bien entendu, informations préalables. L'on sait qu'il est amoureux de la jeune fille de la maison ; et l'on ne s'effraie pas de ses assiduités ; et l'on a raison. L'on respecte encore la femme quand on lui fait la cour, car alors on fait estime de sa possession. Je préfère cela à notre moralité parisienne, qui consiste à rencontrer trois fois sa femme avant de l'épouser. C'est un pays auquel il reste un bien puissant mobile celui ou règnent l'amour et le respect de la femme.

Et en effet, depuis le nouveau régime, l'instruction de celle-ci a pris un très-grand développement en Italie. Les grandes dames ne dédaignent pas de se faire les institutrices de leurs sœurs du peuple, déshéritées de la fortune, et l'on organisait, ces temps derniers, sur l'initiative du gouvernement, une exposition des travaux d'aiguilles de femmes. Bravo, mille fois bravo.

L'Italie nous devance sous ce rapport. Nous n'avons pas su, en effet, nous entendre encore, même pour placer la question sur son vrai terrain ; et tandis que des utopies, plus ou moins aventurées, veulent tantôt faire de la femme un soldat, et tantôt un député, les projets sérieux d'amélioration s'éteignent sous le ridicule, et le sort de la femme empire, chaque jour, au détriment de l'état de nos mœurs.

.˙.

Toutes les améliorations dont nous avons parlé, trouvent un appui dans la presse italienne, qui de rien est devenue beaucoup.

Sous les anciens gouvernements, les journaux étaient rares en Italie. La religion et les drames du fait divers étaient le champ inoffensif où ils venaient s'escrimer de leur mieux, ayant l'air de dire quelque chose, quand ils ne pouvaient rien dire. Il serait superflu, d'ailleurs, de faire observer, qu'ils devaient se borner à louer l'une et passer très-légèrement sur les autres, s'il arrivait qu'ils eussent trait à ce lavage de linge sale que les petites cours du centre et du midi de la Péninsule préféraient faire en famille.

— L'Italien ne lisait pas, m'assure-t-on. — Parbleu ! je le crois sans peine, et je voudrais bien savoir si, le jour où il ne restera plus en France que l'*Univers* et le *Journal des Villes et des Campagnes*, l'amour de la lecture prendra chez nous des proportions inconsidérées.

C'est ainsi qu'on a toujours procédé pour les Italiens, attribuant à leur caractère ce qui n'était que la suite obligée du morcellement politique de leur pays. A preuve, c'est qu'on lit beaucoup aujourd'hui et que l'on peut citer un grand nombre de journaux, qui ont leurs lecteurs et qui vivent. — Il est vrai d'ajouter que ces feuilles, n'ayant aucune glue sur les ailes, se vendent, presque toutes *un sou*, et font de la politique, avec la plus parfaite tranquillité d'esprit.

L'on ne saurait trop le répéter, tous les préjugés contre l'Italie datent d'avant son unification, époque où l'on confondait la cause avec l'effet et réciproquement. Un nouvel exemple à l'appui de cette thèse :

Que n'a-t-on pas dit de la mendicité italienne ? Jusqu'à prétendre que c'était là un vice incurable dont le climat et le soleil faisaient, à eux deux, les frais. Des témoins, prétendus oculaires, vous racontent, entre autres facéties, qu'à la descente des voitures, les mendiants vous arrachaient les effets des mains, pour les porter, chacun individuellement, à l'hôtel à la porte duquel il avait l'habitude de mendier... Il est temps de faire justice de ces contes.

La mendicité, en Italie, n'est en rien ce qu'on la représente. Sans doute, elle y subsiste encore et il serait étrange qu'elle eût déserté l'Italie, quand le reste de l'Europe en est également affligé. Mais, à l'heure actuelle, elle ne diffère guère de ce qu'elle est, soit en France, soit ailleurs.

Puis, ne l'oublions pas : l'Italie est visitée, tous les ans, par un nombre considérable d'étrangers, — Anglais et Russes, surtout, — qui jettent assez volontiers guinées et roubles par les chemins ; et le même bambin qui ne demanderait rien à son compatriote, s'amusera à obséder un étranger. Rien là qui soit spécial à l'Italie.

Non, la mendicité n'est pas ce qu'on la fait, et le meilleur moyen de juger de l'état de la question, c'est de voir Naples.

Naples était certainement l'Eden de la mendicité. Là, elle s'était faite institution, comme jadis chez nous les truands de la Cour des Miracles. Là, elle s'ébattait, à loisir, formant une classe à part organisée. Là, enfin, elle s'étalait au soleil, glorieuse de ses haillons et sans autre gîte que la voie publique.

Tout le monde connaît, sans l'avoir vu, le *lazzarone napolitain*.

Je l'ai vainement cherché. Je sais toutefois que sa disparition est récente, puisqu'il était un des plus beaux ornements du gouvernement bourbonnien.

Le *lazzarone* est-il devenu ce *facchino* inoffensif, armé de règlements et muni de tarif, qui fait la besogne de nos commissionnaires ? Est-il devenu ce marinier de Santa-Lucia ou de la Chiaia, qui fait du port de Naples le plus animé de l'Europe ? Je ne sais ; mais il faut actuellement bien de la bonne volonté pour retrouver trace de ces nuées de mendiants, appelés *lazzaroni*, dans cette population active et régénérée.

.·.

L'on n'en peut dire autant, malheureusement, des États-Pontificaux, où la mendicité florit, en même temps que bien d'autres *parfums* oubliés par le R. P. Veuillot.

On mendie à Rome, quand on ne prend pas dans les poches. Mais chut ! je ne fais pas attention qu'il y a des ordres mendiants.

Il y a de la prostitution, à Rome. Mais chut ! on y remédie par six à dix mois de prison infligés à la jeune fille qui serait prise ayant un amant.

La misère est atroce, à Rome. Mais ne savez-vous pas que les cardinaux ont des panaches rouges aux têtes de leurs chevaux et que la campagne romaine est aux mains des communautés?

L'on sent l'odeur des chambrées d'hôpital, à Rome. Mais, en revanche, on y jouit d'une police occulte qui répand une véritable terreur.

On est ignorant, à Rome. Mais, en revanche, on ne laisse plus entrer le *Journal des Débats* (!!!) réputé trop avancé.

Vous le voyez, s'il y a du mal... il y a des compensations.

Allons! religion à part, Rome moderne fait tache en Italie et. . . . .
. . . .
l'auteur remplace sa conclusion et son désir par deux lignes de points.

.*.

Si nous voulions nous égayer un peu, je ferais une courte disgression au sujet de cette fameuse statue de bronze, de Saint-Pierre, dont la piétié des fidèles a fini par faire disparaître la moitié du pied droit, à force d'y appuyer les lèvres. Le diable doit s'en mêler; vous allez voir pourquoi j'emplcie cette expression : c'est que, suivant de grandes probabilités, la statue en question n'est autre qu'un Jupiter capitolin. L'on frémit quand on pense que les papes viennent, une fois par an, placer par humilité leur tête sous le pied de la statue, et que du haut du ciel païen, Jupiter puisse croire, un instant, qu'on lui demande pardon d'avoir transporté dans les basiliques chrétiennes, tout ce qui ornait son culte... et lui-même.

Les Romains poussent très-loin la piété des belles choses. A un autre côté opposé de saint Pierre, se trouve une statue de femme, en marbre cette fois, qui a dû aux grâces toutes profanes de ses nudités, de se voir aussi amoindrie dans ses contours. — Il faut être clair, et c'est embarrassant. — Enfin, à force de passer les mains sur une partie de la statue qui lui servirait à s'asseoir, si elle était vivante, on a fait pour cette partie, comme pour le pied de saint Pierre : on l'a usée, et maintenant, une draperie en *zinc* rappelle à messieurs les touristes que l'admiration a ses bornes, si la piété n'en a pas (1).

.˙.

Cette draperie en zinc pourrait me permettre de nombreuses comparaisons, si j'avais à préciser le rôle du catholicisme dans l'humanité. Mais cela pourrait m'entraîner sur un terrain dangereux.

Quoi qu'il en soit, et toute antipathie religieuse à part, les États-Pontificaux portent un caractère de tristesse pénible. Il n'est pas jusqu'aux anciennes villes dominées, comme Bologne, par exemple, qui n'aient besoin de secouer une certaine léthargie.

L'impression est identique à celle qu'on éprouve sous les longs tunnels. Vous quittez brusquement le soleil, la gaîté, la vie. Tout à coup, vous entrez dans cette chose noire. Vous êtes glacé; une odeur de moisi et de fumée vous saisit au nez et à la gorge. Vous n'osez plus bouger; vous vous collez dans votre coin; le tunnel vous semble long et il y a deux minutes que vous y êtes; vous avez

(1) Plus triste : une détonation retentit, un matin, sous les voûtes. L'on s'empresse et l'on relève le cadavre d'un mystique, qui, désespérant de voir la statue s'animer, s'était tiré un coup de pistolet pour aller la rejoindre dans le monde des âmes.

hâte de revenir au grand jour, et il vous semble que vous avez deux poumons de plus, en revoyant la lumière. Le tunnel, ce sont les États-Pontificaux.

.˙.

J'entends quelquefois dire en France par des *statu-quoïstes* féroces* : — Eh! monsieur, Rome ne vit que par le pape. Otez le pape de Rome, et tout l'intérêt artistique de la ville moderne disparaît. — Me trompé-je? Mais cette manière affectueuse d'apprécier la papauté me semble, irrévérencieusement, sonder jusqu'à quel point les souverains pontifes ont des droits à être comparés aux pagodes chinoises, qui offrent aussi un coup d'œil artistique à l'œil émerveillé de l'étranger. A moins qu'on ne veuille dire, ce qui ne serait guère plus respectueux, que les papes ont pour principal mérite d'être des conservateurs d'antiquités.

Hé bien! cela même ne serait pas pourtant tout à fait exact; car en présence des fouilles déjà faites et de celles qui restent à faire, on peut affirmer que *Rome antique reste encore à découvrir*. Il y a plus : il serait facile de citer tel monument (les Thermes de Titus par exemple) où les travaux restent interrompus, depuis des années, faute d'argent ou faute d'initiative (1).

Des suppôts de Satan — eux seuls ont le talent de s'apercevoir de choses qui échappent à l'œil des fidèles — m'assuraient qu'il en était des fouilles comme des exhu-

---

(1) Voir, au contraire, avec quelle rapidité ont été poussées les fouilles de Pompeï et d'Herculanum, depuis la réunion du royaume de Naples à la couronne d'Italie.

mations en matière de dogmes. Il n'y faut rien presser, pour que chacun ait le mérite de découvrir sa part.

A l'appui de leurs assertions, ils me faisaient remarquer qu'on pouvait retrouver toute l'histoire de la papauté, rien qu'en suivant les écussons des papes sur les pans de murs rendus à la lumière, et que même il n'était pas rare de voir deux papes attacher leurs noms à chaque moitié du même mur découvert sous leurs deux pontificats successifs. On ne saurait trop louer ce respect de la tradition qui, voulant la papauté éternelle, comme l'Église, veut laisser à chaque successeur de saint Pierre sa part, dans le grand œuvre des découvertes classiques, de telle sorte que, dans deux mille ans d'ici, Pie XXIXe pourra trouver encore une ruine pour y accrocher son nom.

Et, cependant, il y a des gens, et je suis de ce nombre, qui préféreraient voir un peu plus d'activité, dût-elle émaner de mains moins pures.

Je ne connais pas, en effet, de meilleur livre de philosophie que celui qui est écrit sur les flancs mutilés de l'antiquité. En voyant tous ces cipes brisés, il monte au cerveau je ne sais quelle ivresse de méditation. C'est comme un grand rideau qui se lève, en dévoilant le passé, et cela d'autant plus, qu'à force d'avoir digéré en latin cette grandeur romaine sur les bancs du collége, nous finissons par croire qu'il en est d'elle comme de tant d'autres grandeurs qui n'ont de valeur que parce qu'on en parle souvent.

Comme il faut en rabattre de notre orgueil, en nous mesurant, nous autres pygmées, à ces colosses païens restés debout pour nous confondre ! Qu'est notre luxe, qu'est notre architecture, en présence des splendeurs révélées par les thermes de Caracalla et les proportions du Panthéon ? Que devient la prétendue audace de nos entreprises, en face de l'écrasante dimension de l'aqueduc d'Albano !...

Au christianisme, le culte rajeuni de la pensée, mais à l'antiquité, l'ennoblissement de la matière, poussé assez loin pour que nous autres, fils du christianisme, nous puissions encore avoir des regrets.

.˙.

Heureux pays que l'Italie, où la multiplicité de choses à admirer produit en quelque sorte l'entassement.

L'on s'en prend quelquefois aux Italiens de n'avoir pas assez mis en relief tel tableau ou telle statue, d'avoir mal choisi leur place ou d'avoir mis plus ou moins de goût dans ce magnifique éventaire de toutes les richesses artistiques. L'on ne réfléchit pas justement que l'abondance même de ces richesses rendait impossible cette mise en œuvre désirée. Il suffit, à cet égard, de se rappeler l'énorme espace couvert d'objets d'art, dans les deux palais Pitti et Degli Uffizi, à Florence, pour se convaincre qu'on ne pouvait classer ou subordonner tel ou tel chef-d'œuvre, sans sacrifier son voisin avec une souveraine injustice.

.˙.

Non, ce ne sont pas les Italiens qui peuvent être suspects quand il s'agit du respect pour l'art et pour le beau. Ce respect est, au contraire, un sentiment populaire très-vif et très-profond, jusques dans les dernières classes de la société. Il y a tel endroit, cependant, où les dégradations seraient faciles.

Quand on pense, par exemple, à la quantité de chefs-d'œuvre exposés, sans grillage ni défense, sur la seule place de la Signoria, à Florence, on se demande comment il peut se faire que jamais on ait eu à constater, même une apparence d'essai de mutilation.

A l'inverse, vous voyez, le dimanche, des individus dont la mise vous indique suffisamment le peu de fortune, étendus au soleil, ou la tête appuyée sur le piédestal d'une statue, paraître les premiers disposés à repousser quiconque songerait à y porter la main. Ces gardes du corps improvisés de divinités plus ou moins païennes et ayant souvent eux-mêmes des proportions que les dieux n'eussent pas récusées, les protége aussi sûrement que le ferait, chez nous, une armée d'huissiers avec des bas blancs sur les mollets.

Peut-être de ce côté-là encore, la comparaison avec les Italiens ne serait-elle pas tout-à-fait à notre avantage.

Sans être précisément malfaisants, nous aimons à égratigner et à morceler, et il faut toujours craindre de retrouver, un beau matin, le Rémouleur du jardin des Tuileries affublé d'un bonnet de police. On a du mal à nous empêcher les inscriptions au crayon ou à la pointe du couteau. Il entre dans ce sentiment, chez nous, de l'enfantillage et du besoin d'amoindrir. Nous envoyons des pommes cuites à nos grands hommes et il ne nous déplairait pas de leur sculpter un faux-nez, quand ils sont réduits en statue.

Il y a aussi des étrangers vraiment vandales, et destructeurs de sang-froid. Ils ne s'amusent pas aux bagatelles de la porte, mais ils ne se gêneront pas pour enlever au Campo-Santo de Bologne une dixaine de figurines dues au ciseau de Buonarotti. Prenez garde au collectionneur monomane.

Toute une pièce héroï-comique serait à faire sous ce titre : Les Étrangers en Italie. Les sujets d'observation n'y manqueraient pas, car les étrangers y fourmillent; les Anglais notamment. Ces pauvres Anglais sont si mal chez eux qu'ils sont toujours chez les autres. L'Italie en est envahie, et je suis sûr, pour ma part, que, si jamais on fait un voyage à la lune, la première chose qu'on y rencontrera, c'est un Anglais vivant comme chez lui.

La pièce indiquée trouverait assez bien sa place dans les *théâtres diurnes*, dont je m'accuse de n'avoir rien dit.

L'Italie n'a pas, dans ses théâtres, tous les colifichets d'ornementation des nôtres. Infériorité, suivant quelques-uns ; supériorité, selon moi. Car si l'on n'y sacrifie pas au guillochage et à la dorure, l'acoustique en est dix fois meilleur et le confortable plus réel. Le théâtre est plein, quoique la disposition des places n'amène jamais l'empilement comme chez nous ; et chaque grande loge de la Scala a non-seulement un salon contigu, mais une sorte de boudoir indépendant qui lui fait face en traversant le couloir.

Enfin, les théâtres diurnes, sont une expression très-heureuse d'un confortable tout local.

Ces théâtres, où, malgré leur nom, l'on joue de nuit aussi bien que de jour, sont assez fréquents en Italie.

Ceux de Bologne, de Rome et de Vérone sont particulièrement dignes d'attention.

L'amphithéâtre romain leur a servi de type, si l'on excepte la scène, qui, chez les anciens, était tout autre que chez nous. Qu'on se figure un espace à ciel ouvert garni de gradins en maçonnerie, à la manière antique; au premier étage, des loges séparées, les unes des autres, par des cloisons en bois peint, à hauteur d'appui; le milieu de l'enceinte dallé et couvert de chaises, autour desquelles la circulation est ménagée; un prix d'entrée variant entre huit et quinze sous, et l'on en aura l'idée générale.

Il est fort à regretter que les neiges et les pluies nous interdise ce genre d'édifice. Il rendrait le théâtre possible pendant les mois chauds de l'année. On pourrait, peut-être, en raison de son organisation même, y essayer certains genres de spectacles populaires tout à fait disparus de chez nous et que les Italiens ont conservés.

Soit dit en passant, le théâtre tend de plus en plus, chez nous, à devenir un prétexte à faillite pour les directeurs, et je serais étonné qu'il en fût autrement. Semblables, en effet, aux joueurs qui s'obstinent à ponter sur un numéro sorti une fois à la roulette, depuis le succès des opérettes d'Offenbach, les directeurs ne jurent plus que par l'opérette, sans réfléchir que sur dix cordonniers vendant les mêmes chaussures dans la même rue, neuf seront fatalement obligés à mettre, au bout de peu de temps, la clef sous la porte.

Rien de pareil au-delà des Alpes. Je n'irai pas jusqu'à nier qu'on ne nous emprunte beaucoup de pièces, mais, au moins, on a conservé les pièces nationales et les Italiens ont encore *Stenterello* et *Gianduja* faisant la satire comique et populaire, alors que nous n'avons plus le théâtre de la foire et ces charmants tréteaux du boulevard du Temple où restaient encore, comme vestiges de nos aïeux, la gaîté et la liberté gauloise.

.·.

J'en aurai fini avec tous les préjugés que nous avons contre l'Italie, en répondant au reproche d'exagération qu'on adresse souvent à la littérature, reproche tout aussi fondé que ceux que j'ai déjà discutés.

Certes, la supériorité des Italiens dans les autres branches de l'art suffirait pour l'écarter, si les noms de Massimo d'Azeglio, Cesar Cantu, et un peu avant, Grossi, ne se chargeaient victorieusement de cette besogne.

Sans doute, les médiocres sont un peu, comme chez nous, fils de la foule et de ses instincts. Rien là qui doive nous surprendre : nous y sommes nous-mêmes habitués.

La liberté d'écrire est venue, d'ailleurs, en Italie, sans transition, succédant à des siècles d'obscurantisme et, s'il y a une chose qui soit faite pour émerveiller, c'est de voir que le réveil s'est fait sans sursaut et que les écrivains n'en abusent pas plus pour répandre des œuvres malsaines, sous le double rapport du goût et de la morale.

.·.

Il y a, en Italie, une grande coupable ; c'est la nature que l'art doit reproduire. L'objectif — pour emprunter un mot aux Allemands — y est, en effet, tellement riche de tonalités intenses, qu'il faut, en quelque sorte, l'atténuer pour la ramener à la vraisemblance et commander à ses impressions, sous peine de perdre la mesure.

Voici, par exemple, un paysage des Apennins : vous avez à vos pieds une prairie semée de fleurs rouges, mais d'un rouge criard, et presque sur le même plan, par suite de la pureté de l'air, qui raccourcit la perspective, les taches de neige et de soleil qui dominent la cîme des montagnes. Je ne suis pas sûr qu'en soumettant ce paysage reproduit fidèlement à des yeux français, habitués aux tons adoucis et ternes de nos climats, on ne soit taxé d'affectation et de parti pris : Je me bornerai à rappeler la critique dont les tableaux de Léopold Robert ont été l'objet à leur apparition.

De même pour la littérature.

Vous décrivez un amour français ; la description sera toujours mesurée et raisonnable, par ceque nous sommes en amour, comme en tout, très-mesurés et très-raisonnables. Mais les romanciers n'ont pas ces modèles-là en Italie. La passion observée sur le vif aura les élans et les colères dont les nôtres ne sont pas susceptibles.

Or miroir, ou romancier, ne peuvent réfléchir une autre image que celle qui a posé devant eux.

.·.

Je suis obligé de mettre un terme à ce court exposé et je me résume.

L'Italie est entrée depuis son unification dans une phase tout à fait nouvelle, et le spectacle qu'y a donné le peuple n'est pas de ceux qui ne méritent qu'une vulgaire admiration.

Pour bien des esprits, plus vieux encore que leur opinion, la régénération restait douteuse et ils invoquaient à l'appui de leur dire, ce passé de luttes intestines et d'asservissement qu'ils supposaient avoir étouffé tout esprit national. Puis, tout à coup, ce même peuple qu'on jugeait sur des apparences erronées, à peine a-t-il les bras dégagés de ses chaînes, qu'il surprend l'Europe par sa sagesse dans l'attente, son exercice de la liberté et un élan qui déjoue toutes les prévisions.

On ne saurait trop le répéter : l'Italie s'est modifiée du tout au tout depuis son unification ; et toutes les accusations injustes qu'on dirigeait contre le caractère national, alors qu'il fallait en imputer les causes au régime qui pesait sur lui, n'ont plus aujourd'hui aucune raison d'être.

Depuis l'unification, la sécurité s'est rétablie dans les villes et hors des villes.

Les voies de communication ont mis en rapport tous les centres, même secondaires.

Le travail, complétement délaissé, est entré dans l'esprit des masses qu'il a fortifiées et moralisées. On a construit en quelques années à Milan, un passage qui peut compter pour une merveille du monde : la galerie Victor-Emmanuel.

L'agriculture s'est relevée et s'accroît tous les jours avec une plus équitable distribution de la propriété territoriale.

Ce peuple prétendu indifférent au mouvement des idées, échange ses journaux de ville à ville et s'intéresse également à tout ce qui se passe d'un bout à l'autre de la Péninsule.

Enfin, l'instruction, ce corollaire de la liberté, a trouvé des zélateurs qui l'étendent et la généralisent, de façon à en espérer les meilleurs effets.

.˙.

Le temps est donc venu de faire justice de tous les vains préjugés que des gens de parti pris débitent et colportent contre l'Italie régénérée, en affirmant hautement qu'elle est entrée franchement dans le mouvement des idées actuelles et en répondant, sans crainte, à ses accusateurs : l'Italie avait ses preuves.

GABRIEL PREVOST.

PARIS
IMPRIMERIE BALITOUT, QUESTROY ET C⁰
7, rue Baillif et de Valois, 18.

www.ingramcontent.com/pod-product-compliance
Lightning Source LLC
Chambersburg PA
CBHW060521050426
42451CB00009B/1092